Heinz Csallner
Historische Ansichten von Stettin bis Memel

Heinz Csallner

Historische Ansichten von Stettin bis Memel

DÖRFLER·VERLAG

Quellenangaben:
Frag mich nach Pommern von W. Diedrich
Pommern Wegweiser von J. Hinz
Handbuch der historischen Stätten – Ost- und Westpreußen,
im Alfred Kröner Verlag, Stuttgart;
Gespräche mit Landsleuten.

Bildnachweis:
Alle Fotos stammen aus der Sammlung des Autors.

Der Buchtitel zeigt das Kurhaus des Ostseebades Hela.

Bild Seite 2: Fischerboote auf der Kurischen Nehrung.

Bild Seite 6: Blick auf Danzig, im Vordergrund der hohe Rathausturm.

Umschlaggestaltung: Andreas Dorn

Inhalt

Vorwort	7
Swinemünde	10
Osternothafen	15
Stettin	17
Wollin	30
Misdroy	31
Cammin	36
Dievenow	38
Hafenstädte an der Ostsee	42
Horst	45
Kolberg	48
Großmöllen	60
Nest	62
Rügenwalde	65
Leuchttürme an der Ostsee	66
Stolpmünde	67
Leba	71
Hela	73
Gotenhafen	77
Zoppot	79
Glettkau	87
Neufahrwasser	89
Danzig	90
Elbing	100
Frauenburg	108
Kahlberg	110
Pillau	116
Seedienst Ostpreußen	124
Königsberg / Pr.	126
Fischhausen	137
Neuhäuser	139
Rauschen	141
Cranz	147
Karkeln	155
Nidden	158
Schwarzort	166
Memel	170
Landkarte	176

Vorwort

Mit dem Bau von neuen Eisenbahnlinien und mit der serienmäßigen Produktion von Automobilen begann Ende des 19. Jahrhunderts der eigentliche Fremdenverkehr und die Touristik. Zwar waren die Schönheit und Vielfalt der Ostseeküste bekannt, aber vorwiegend nur die einheimische Bevölkerung nutzte die vorhandenen Möglichkeiten. Das Baden in der Ostsee vollzog sich im allgemeinen nach festen Regeln, so gab es um die Jahrhundertwende ein eigenes Herrenbad, Damenbad und Familienbad. Der Aufenthalt am Strand war vor allem ein gesellschaftliches Ereignis, man begab sich sogar im Sonntagsanzug an das Meer, um im Strandkorb das Geschehen zu beobachten und las dabei die Tageszeitung. Mit dem Meerwasser kam man eigentlich nicht in Berührung, nur die Kinder tobten am Strand. Erst nach dem 1. Weltkrieg änderten sich diese Gewohnheiten, als man endlich das freie Baden im Meer als etwas ganz Natürliches ansah.

Wesentlich älter als die vielen großen und kleinen Badeorte waren die alten deutschen Handelsstädte, die im frühen Mittelalter in der Regel an geschützten Flussmündungen entstanden und als Handels-, Wirtschafts- und Kulturzentren eine blühende Vergangenheit hatten: Stettin an der Oder (1243), Kolberg an der Persante (1255), Rügenwalde (1271) und Rügenwaldermünde an der Wipper, Danzig an der linken Weichselmündung (1231), Elbing am Elbingfluß (1237), Königsberg am Pregel (1255) und Memel am Beginn des Kurischen Haffs (1252).

Die erste große Zäsur geschah 1920 durch den Versailler Vertrag. Plötzlich war die Ostseeküste nicht mehr durchgehend deutsch, ab der pommerschen Grenze bei Piasnitz bis Koliebken hinter Gdingen gehörte sie mit der Halbinsel Hela zu Polen, und von Zoppot bis Vogelsang gehörte sie zu dem von allen ungeliebten neuen Freistaat Danzig, den man gegen den Willen der Bevölkerung geschaffen hatte. Elbing, bisher in Westpreußen, kam zu Ostpreußen und die deutsche Grenze endete vor Nidden. Dann begann Litauen, das das Memelland annektiert hatte.

Es blieb den Reisenden aus ganz Deutschland nur ein Zeitraum von rund 100 Jahren, um die einzigartige Schönheit, Weite und Vielfalt dieser über 600 km langen Küste näher kennenzulernen, furchtbar sollte dann der Abschied werden. Die Ostseeküste galt als das letzte noch offene Sammel- und Fluchtgebiet für die ostdeutschen Flüchtlinge 1945, denn die Rote Armee hatte sich auf den Durchbruch nach Berlin konzentriert und an der Oder nahe Küstrin bereits Brückenköpfe gebildet. Bei dieser größten Rettungsaktion, die die Welt je gesehen hatte, wurden aus dem Osten Deutschlands über 2,5 Millionen Flüchtlinge mit rund 1000 Schiffen in den Westen evakuiert. Aus Pillau 442000 Personen, aus Gotenhafen 407000 Personen, von der Halbinsel Hela rund 496000 Personen… Unzählige Dramen haben sich hierbei abgespielt und große Dampfer, wie die „Wilhelm Gustloff", die „Steuben" und die „Goya" versanken in den eisigen Ostseefluten.

Doch die Zeit heilt jede Wunde und auch diese Wunden beginnen langsam zu heilen, vergessen jedoch kann man sie nie. Heute ist die Ostseeküste für die jüngere Generation und die Enkel der Vertriebenen wieder ein neues Urlaubsziel geworden und Polen hat den Weg nach Europa eingeschlagen. Auch das östliche Ostpreußen mit der berühmten Samlandküste, heute russisches Land, öffnet sich langsam den Besuchern.

Frankfurt am Main, im Sommer 2005
Heinz Csallner

„Seedienst Ostpreußen"

Kaum ein anderes Ereignis hat sich so fest in das Bewusstsein der Ostpreußen-Reisenden eingeprägt, wie der Anblick der stolzen Schiffe des „Seedienst Ostpreußen".
Als Folge des Versailler Vertrages 1919 waren alle Bahn- und Straßenverbindungen zwischen Deutschland und dem östlichen Landesteil Ostpreußen unterbrochen. Bereits 1920 nahmen die ersten kleinen Charterschiffe des Seedienst Ostpreußen zwischen Swinemünde und Pillau ihre Fahrten auf. Es erfolgte ein stetiger Ausbau der Linien, neue große Schiffe wurden gebaut und bald entstand ein fahrplanmäßiger Linienverkehr zwischen Kiel und Memel.

Stettin – Blick vom Kohlmarkt auf die Jakobikirche.

Wir beginnen unsere historische Reise entlang der Ostseeküste in Swinemünde, besuchen kurz Stettin und fahren dann weiter an Kolberg, Danzig, Elbing, Pillau und Königsberg vorbei bis nach Memel.

Der Hafen von Swinemünde wird erstmals 1297 genannt, der Ort Swinemünde wurde 1746 von Friedrich dem Großen zum preußischen Seehafen und Vorhafen von Stettin erklärt. Um 1900 entstanden die Einrichtungen, die Swinemünde zu einem bedeutenden Seebad entwickelten; der breite, steinfreie Sandstrand förderte die steigende Beliebtheit dieses Ferienortes.

Bild Mitte: Im Stadtzentrum von Swinemünde.

Eine Hafenpartie mit vielen Fischerbooten.

Ein schönes Erlebnis steht bevor, in Kürze wird der Dampfer „Hertha“ ablegen und in Richtung Stettin fahren, quer über das Stettiner Haff; die Fahrt dauert rund 3 Stunden.

Das großzügig gestaltete Kurhaus in Swinemünde war gesellschaftlicher Mittelpunkt der Stadt.

Spielende Kinder am Strand in Swinemünde, damals trug man noch Sonnenhüte.

Strandkörbe soweit der Blick reichte, da war es nicht leicht, einen freien Platz zu finden.

Am Bollwerk mit dem Hotel „Drei Kronen" in Swinemünde.

Das Restaurant „Seebrücke" am endlos langen Sandstrand. Ein ideales Urlaubsgebiet, auch viele Berliner kamen hierher.

Gegen Ende des Zweiten Weltkrieges flüchteten viele Ostdeutsche zu den Ostseehäfen Memel, Pillau, Gotenhafen, Hela, Stolpmünde, Rügenwaldermünde, Kolberg und Swinemünde, um von hier aus eine Möglichkeit zu finden, den rettenden Westen zu erreichen. Auch Swinemünde war Anfang März von Flüchtlingen überfüllt. Hier hat sich eine schreckliche Tragödie ereignet, die nicht in Vergessenheit geraten soll: In den Mittagsstunden des 12. März 1945 starben bei völlig überraschenden massiven Luftangriffen amerikanischer Bomber (rund 700 Flugzeuge) mehr als 25000 Menschen. Sie wurden auf dem Golm, einem kleinen Berg südwestlich von Swinemünde, beigesetzt. Ein großes Holzkreuz erinnert heute an diese schlimmen Geschehnisse.

Das Foto von 1941 im Palmenhain am Kurhaus von Swinemünde zeigt einen Offizier in Begleitung.
Das elegante Kurhaus aus einem anderen Blickwinkel, der gepflegte Park lädt zu einem Spaziergang ein.

Eine wesentliche Verbesserung der Verbindung nach Swinemünde wurde durch den Bau der Kaiserfahrt (1875-1880) geschaffen, ein 6 m tiefer, gerader Kanal, der als direkter Durchstich vom Swineknie zum Stettiner Haff die Schifffahrt unabhängig von der gewundenen, als Fahrwasser unzugänglichen Swine machte.
Urlauber beobachten einen einfahrenden Dampfer in Osternothafen.

Der Kreuzer „Königsberg“ passiert die Ostmole in Osternothafen.

Der Leuchtturm in Osternothafen ist ein weithin sichtbarer Orientierungspunkt für die Schifffahrt. Er wurde 1858/59 erbaut und hat eine Höhe von 70 m. Osternothafen war bis 1945 ein Marinestützpunkt, bereits Schiffe der Kaiserlichen Flotte ankerten an diesem Liegeplatz.

Als ein besonderes Ereignis galt die Ankunft der Yacht „Hohenzollern" seiner Majestät des Kaisers Wilhelms II. im Swinemünder Hafen – da musste man dabei sein!

Rund um den Leuchtturm liegen Fischerboote, bereit zum Auslaufen (Bild links).

Inzwischen haben wir, oderaufwärts von Swinemünde kommend, die Landeshauptstadt Stettin erreicht, im Hintergrund erkennt man bereits die Hakenterrasse. Wir nähern uns langsam der Anlegestelle am Dampfschiffsbollwerk.

Auf dem weiträumigen Gelände der ehemaligen Oderfestung ließ Oberbürgermeister Haken eine großzügige Anlage erbauen mit Regierungsgebäude, Landesmuseum und Oberfinanzdirektion, umgeben von vielen Grünanlagen. Dieses Wahrzeichen der pommerschen Hauptstadt wurde 1907 eingeweiht.

Am Dampfschiffsbollwerk mit Blick auf die Stadt.

Hier liegt das gesamte Stadtpanorama vor uns, links die Jakobikirche.

Wir blicken auf die Hansestadt in Richtung Stettiner Haff mit den ausgedehnten Hafen- und Industrieanlagen, in der Odermitte ein Boot mit zwei Schleppkähnen.

Das Neue Rathaus ist ein hoher rötlicher Backsteinbau im neogotischen Stil, es wurde 1879 seiner Bestimmung übergeben.

Das Berliner Tor war ein Geschenk König Friedrich Wilhelms I. an seine Stettiner Bürger und fügte sich harmonisch in den Paradeplatz ein.

Ein Spaziergänger staunt über den mächtigen Manzelbrunnen. (Bild links)

Eines der schönsten Denkmäler Pommerns stand in Stettin – das 11 m hohe Reiterstandbild Kaiser Wilhelms I. Es war ein Werk des berühmten Bildhauers Prof. K. Hilgers und wurde 1894 enthüllt, Oberbürgermeister Haken hielt die Festrede.

Die 1909 eingeweihte Bugenhagenkirche, benannt nach dem Wittenberger Reformator aus Wollin, der 1534 mit der Einführung der Reformation in Pommern begann.

Mit dem Bau der Jakobikirche, einem Backsteinbau in gotischen Formen, wurde bereits 1187 begonnen. Die Kirche wurde mehrfach umgebaut bzw. verändert und erhielt erst im Jahre 1894 wieder ihren ursprünglich 119 m hohen Turm.

Bürger promenieren vor dem Manzelbrunnen. Dieser Brunnen wurde nach seinem Schöpfer, Prof. Manzel, benannt, der ihn 1898 errichtete. Der Brunnen war auch ein Wahrzeichen Stettins und zeigt als symbolische Darstellung dieser alten Handels- und Hansestadt eine hohe Frauengestalt mit Segel und Anker, daneben den Gott des Handels, Hermes.

Das 1725/26 erbaute, barocke Berliner Tor mit dem Felderhoff-Brunnen symbolisiert die griechische Meeresgöttin Amphitrite auf ihrem Muschelwagen.

Beeindruckend am Reiterstandbild Kaiser Wilhelms I. waren auch die vier überlebensgroßen Kriegerfiguren am hohen, weißen Marmorsockel.

Unterhalb der Hakenterrasse am Dampfschiffsbollwerk spielte sich täglich ein reger Schiffsverkehr zu den Ostseehäfen ab.

Bild links oben: Der „Salon-Schnelldampfer Berlin“.

Auf diesem Foto von 1910 (links unten) sieht man vier Dampfer vor der Hakenterrasse, darunter die beliebten Schiffe „Odin“ und „Hertha“.
Jeden Morgen um 8.40 Uhr verließ der „Bäderzug“ den Stettiner Bahnhof von Berlin. Er bot bequemen Anschluss an die Abfahrt des täglich um 11.00 Uhr an der Hakenterrasse ablegenden Bäderdampfers der Sassnitz-Linie. Der ebenso täglich ab Sassnitz nach Stettin laufende „Gegendampfer“ lief um 6.00 Uhr aus und machte um 15.00 Uhr an der Hakenterrasse fest. Der bereitstehende Anschlusszug war um 18.01 Uhr in Berlin.

Ein interessantes Stadtbild mit geöffneter und geschlossener Hansabrücke.

Magische Anziehungspunkte für Jung und Alt waren die beliebten Bäderdampfer mit rauchenden Schornsteinen, stundenlang konnte man so am Dampfschiffsbollwerk stehen. Unser Bild: Ein auslaufender Rügendampfer wird verabschiedet.

Unter den Dächern Stettins lebten diese kleinen Bürger, die auf zwei alten Fotoplatten (1890) festgehalten sind.

Die Dampfer „Theodor Körner“ und „Blücher“ liegen für eine Hafenrundfahrt bereit.

Die „Rugard“ verlässt Stettin in Richtung Swinemünde.

Blick auf Stettin, vom Hafen am Dunzig aus gesehen.

Die Segelschulschiffe „Horst Wessel“ und „Gorch Fock“ kreuzen vor Swinemünde.

Die neuen Speicher im Freihafen von Stettin.
Verbindungen bestanden auch über Breslau nach Oberschlesien und über den Großschifffahrtskanal nach Berlin. Nach Hamburg und Bremen war Stettin der drittgrößte deutsche Hafen, 1937 waren 80 Seeschiffe in Stettin beheimatet.

Seefahrtromantik: Mit dem Segelboot auf stürmischer See vor dem Badeort Misdroy.

Bild eines Fischers aus Osternothafen.

Viele Stettiner zog es am Wochenende hinaus zu dem Jachthafen am Dammschen See. Hier traf man sich zum Bummeln, zum Segeln, zum Sehen und Gesehen werden… Altdamm am Dammschen See wurde im Oktober 1939 nach Stettin eingemeindet; in der Nähe befand sich der Flughafen Stettin-Altdamm.

Wir fahren weiter nach Wollin am Stettiner Haff. Das ruhige Städtchen mit seinen Kirchen St. Georg (links), St. Nikolai und der Wallkirche lässt nicht erahnen, dass es im Mittelalter ständig zerstört und wieder aufgebaut wurde. Wollin ist eine sagenumwobene Stadt – wurde sie einst auf den Mauern einer untergegangen Wikingerstadt errichtet? Hieß sie früher Vineta?

Unbeschwerten, fröhlichen Badeurlaub kann man im Ostseebad Misdroy erleben. Die große Anlegebrücke (370 m) für die Dampfer bildet immer eine Attraktion.

Still und beschaulich, abseits von den vielen großen Urlaubsgebieten, liegt der Luftkurort und Badeort Neuwarp am Stettiner Haff. Mit allen Nebengewässern ist das Haff 903 Quadratkilometer groß und hat eine durchschnittliche Tiefe von etwa 4 Metern.

Bad Stepenitz, ebenfalls am Stettiner Haff gelegen, grüßt mit dem Strand- und Gartenlokal „Wilhelm Sack".

Blättert man in alten Unterlagen, so stößt man auf den Namen „Mizze drawe“, unter dieser Bezeichnung wird das Fischerdorf um 1550 erstmals erwähnt. Der Name hat sich dann in Jahrhunderten ständig verändert, heute kennen wir Misdroy als einen bekannten Badeort, der bereits ab 1835 Erholungssuchende anzog. Blick von der Landungsbrücke auf das Ostseebad.

Das Privatfoto stammt vom Sommer 1930. Fröhliche Urlauber auf dem Weg zum Strand in Misdroy.

Der Dampfer „Prinz Heinrich“ hat am Brückenkopf angelegt. Die Landungsbrücke in Misdroy wurde 1906 weit ins Meer hinausgebaut, sie ruht auf mächtigen Holzstämmen.

Ein beliebtes Ausflugsziel in Misdroy war der 68 m hohe Kaffeeberg mit Restaurant und Terrasse, von der aus man eine weite Fernsicht hatte.

Fischer setzen ihre Netze aus, im Hintergrund erkennt man den Kaffeeberg.

Auf den ersten Blick könnte das Bild von der italienischen oder französischen Riviera stammen – aber nein, es handelt sich um Misdroy an der Ostsee!

Die 1921 neu errichtete Seebrücke. Vor dem Eingang rechts ist zu lesen: „Berliner Lokal-Anzeiger", ein Hinweis auf die vielen Berliner Feriengäste, die regelmäßig diesen ruhigen, vornehmen Badeort besuchten.

Ein Ausflug an den Strand von Misdroy. Zum Baden gab es damals noch ein getrenntes Damen- und Herrenbad, sowie ein Familienbad.

Der Camminer Dom.

Das Bautor in Cammin.

Im 12. Jahrhundert war Cammin eine der bedeutendsten Städte Pommerns, sie wurde Bischofssitz und zugleich Residenz der pommerschen Herzöge. Doch bald darauf wurde der Bischofssitz nach Kolberg verlegt und die Herzöge wandten sich nach Stettin; trotzdem spielte Cammin auch weiterhin eine führende Rolle in der Christianisierung Pommerns.

Der mächtige St. Johannesdom in Backsteingotik, die „Kathedrale Pommerns" mit Kreuzgang wurde 1360 vollendet – ein Symbol für die frühere Bedeutung dieser Stadt.

1669 erhielt der Dom eine Birgel-Orgel, wohl die schönste Orgel Pommerns. Der gesamte kostbare Domschatz sollte gegen Ende des Krieges ausgelagert und gerettet werden. Leider ging er dabei verloren, auch der berühmte Cordulaschrein (eine Wikingerarbeit, entstanden um das Jahr 1000).

Das Rathaus aus der Mitte des 14. Jh. beherrscht den Marktplatz in Cammin.

Ein Kinder-Ferienheim in Berg-Dievenow.

Auch im benachbarten Ort Dievenow findet man Ruhe und Entspannung, ausgedehnte Wälder laden zum Spaziergang ein. Dievenow gilt als ein Zentrum des Segelsports und besteht aus West-Dievenow, Ost-Dievenow, Berg-Dievenow mit Hafen am Bodden und Klein-Dievenow. Die Heilquellen des Sol- und Moorbades wurden um 1900 erschlossen. Dampferfahrten von Ort zu Ort boten eine willkommene Abwechslung.

„Wo bin ich?", steht auf diesem originellen Foto aus Misdroy von 1922 wohl zu Recht! Von einem ruhigen Urlaub konnte keine Rede sein!

Vorbei an Fischerbooten fährt der Dampfer der nahen Ostsee entgegen.

Ein lustiges, herrliches Strandvergnügen in Ost-Dievenow im Sommer 1930.

Eine alte Fischerhütte in Dievenow.

Hafenstädte mit über 5000 Einwohnern zwischen Stettin und Memel

Stettin	271 575 Einw.
Swinemünde	26 593 Einw.
Cammin	6 016 Einw.
Kolberg	36 617 Einw.
Gdingen	120 000 Einw.
Zoppot	35 500 Einw.
Danzig	258 800 Einw.
Elbing	85 952 Einw.
Pillau	10 980 Einw.
Königsberg	372 164 Einw.
Cranz	5 079 Einw.
Memel	35 845 Einw.

(Stand: 17. 5. 1939)

Das Ostseebad Poberow, Ausblick vom Hochufer. Ein unberührter Sandstrand, schattige Kiefernwälder, die ideale Erholung.

Im Sommer 1940 am Badestrand im Ostseebad Rewahl.

Die Kirchenruine Hoff am 20 m hohen Steilufer bei Rewahl. Einst stand die um 1250 erbaute gotische Backsteinkirche etwa 2 km vom Strand entfernt. Durch Sturmfluten und Unwetter wich die Küste immer mehr zurück, ein Teil der Kirche stürzte ein. Heute ist nur noch diese kleine Ruine erhalten geblieben.

An der Mündung der Rega, nicht weit von der Stadt Treptow entfernt, erreichen wir Deep. Viele Landsleute aus Pommern erzählten, dass sie in ihrer Schul- und Ferienzeit oft Gruppenausflüge hierher unternommen haben, da die Preise niedriger waren als in den Nachbarorten Dievenow, Horst oder Kolberg. Auch Maler und Naturfreunde kamen gerne hierher. Fast alle Häuser hatten noch Strohdächer, und im Sommer zogen viele Einheimische in die Stallgebäude, um Platz für die Badegäste zu schaffen.

Unsere Bilder: Gemächlich schlendern die Besucher in Richtung Hafeneinfahrt. Unten grüßen vergnügte Urlauber.

Am Strand in Deep
um 1930.

Das Strandleben im Seebad Horst war nicht immer ideal für Leute, die Ruhe suchten! Eine Aufnahme vom Sommer 1939. Im Gegensatz zum oberen Foto, auf dem man seinen Urlaub noch in Muße genießen konnte.

Mit Schilf gedeckte Fischerhäuser in Deep und Umgebung, zusammengehalten aus einer Mischung von Fachwerk, Putz und Ziegelwerk. Ein beliebtes Fotomotiv – ein Stück Romantik, das überlebt hat.

Ruhig und gemächlich ging es auf der Dorfstraße in Rewahl zu – nur selten besuchten damals, um die Jahrhundertwende, Touristen diesen Ort.

Ein altes Rauchhaus in Horst (oben) und ein Fischerhaus in Nest (unten).

Wir verlassen dieses Idyll, um uns einer lebhaften Metropole zu nähern: Kolberg, der bedeutendsten Ostseestadt Hinterpommerns.
Unser Bild zeigt den Fischereihafen, im Hintergrund das Fort Münde, eine ehemalige Festungsanlage mit dem Lotsenturm.

Alte Handelsschiffe im Kolberger Hafen.

Der einstige Fischerort entstand im 10. Jh. im Schutze einer Burg. In der Mitte des 13. Jh. kamen deutsche Siedler aus Greifswald, Lübeck und Norddeutschland, 1255 erhielt Kolberg das Stadtrecht. 1361 wurde Kolberg Hansestadt, um 1800 begann ihr Aufstieg als Seebad. Daneben spielten der Fischfang, der Seehandel und das Kolberger Salz eine wichtige Rolle. Im März 1945 brach das Inferno in der Festung Kolberg aus, als über 100000 Menschen Schutz vor den russischen Truppen suchten, am 18. März 1945 fiel das völlig niedergebrannte und zerstörte Kolberg in die Hand der Russen. Rund 70000 Menschen konnten über den Seeweg nach Westen evakuiert werden.
Große und kleine Dampfer laufen im Kolberger Hafen ein, die Hafeneinfahrt wird durch die ausgebaute Flussmündung der Persante gebildet.

Vor dem neugotischen, von 1829–1832 nach Plänen Schinkels erbauten Rathaus, steht das Denkmal König Friedrich Wilhelms III. (Von Drake, dasselbe Denkmal stand auch vor dem Stettiner Stadttheater).

Ein altes Patrizierhaus in Kolberg – der Dachgiebel des Renaissancegebäudes wird durch die Figur des Merkur geschmückt.

Der Markt mit dem St. Mariendom und dem Nettelbeckhaus, davor wartende Pferdedroschken.

Den berühmten Verteidigern Kolbergs gegen Napoleon 1807, Nettelbeck und Gneisenau, wurde 1903 vor dem Dom ein eindrucksvolles Denkmal gesetzt. Die beiden 2,50 m hohen Statuen wurden von dem Pyritzer Bildhauer Georg Meyer-Steglitz modelliert.

Der Bahnhof Kolberg wurde 1859 an das Eisenbahnnetz angeschlossen, die erste Bahnlinie entstand zwischen Belgard und Kolberg. Ab 1882 gab es eine durchgehende Verbindung über Gollnow nach Stettin.

Das an der Mündung der Persante gelegene Kolberg war als Sole-, Moor- und Seebad ein sehr geschätztes Ostseebad. Es hatte die meisten Übernachtungen aller deutschen Seebäder (1938 zählte man rund 44500 Urlauber). Besonders beliebt war der über 3 km lange Sandstrand mit dem barocken Strandschloss. Gerne besucht wurden auch der Rosengarten mit seinem überreichen Blumenschmuck und die Kurpromenade.

Damals um 1910 ging man noch in gepflegter Kleidung an den Strand oder man beobachtete vom Strandkorb aus das Geschehen.

Ein nicht alltägliches Vergnügen war das Eselreiten am Strande, die drei mutigen jugendlichen Reiter werden von allen Seiten begutachtet.

Das Flair eines großen, mondänen Badeortes – der Bummel in eleganter Garderobe auf der Seebrücke vor dem Strandschloss – ein schöner Nachmittagskaffee mit Kuchen – heitere Urlaubstage in Kolberg!

Man sieht keinen Strand wegen der vielen Strandkörbe – das war bereits im Sommer 1911 ein gewohntes Bild.

Der Preußenplatz, großzügig mit Grünflächen in der Stadtmitte angelegt, dahinter der Dom.

Die Domstraße mit dem 74 m hochaufragenden St. Mariendom, einer mächtigen, fünfschiffigen, gotischen Hallenkirche aus dem 14./15. Jahrhundert mit kostbarer Innenausstattung. Er zeugte vom Reichtum und auch vom Stolz dieser jahrhundertealten Handelsstadt (Bild rechts).

Auf dieser Luftaufnahme ist die dominierende Stellung des Kolberger Doms als Mittelpunkt der Stadt gut zu erkennen.

Ein Ausflugsdampfer fährt der Ostsee entgegen. Kolberg war auch eine Stadt mit einem breitem kulturellen Angebot und mit vielen Schulen und Gymnasien.

Das barocke, 1899 fertiggestellte Strandschloß – vertraute Kulisse für unzählige Urlauber.

Die Einweihung der St. Nikolaikirche fand am 19. September 1877 statt.

Der St. Mariendom von der Nordostseite aus gesehen.

Wir gehen noch einmal vor dem Strandschloss in der Kurpromenade und in den Rosengärten spazieren, im Hintergrund naht ein heranziehendes Gewitter.
Mit diesem Blick verabschieden wir uns von dem lebhaften und abwechslungsreichen Ostseebad und setzen unsere Fahrt in östlicher Richtung fort.

Als kleiner Badeort nach Kolberg folgt Henkenhagen. Hier konnte man in aller Ruhe Sandburgen bauen!

„Gut ist auch der nahe Ostseestrand mit seinen acht idyllischen Kösliner Badeorten durch die Strandbahn zu erreichen. Dies sind die lieblichen Orte: Großmöllen, Nest, Deep, Laase sowie Kleinmöllen, Bauerhufen, Sorenbohm und Funkenhagen. Überall der kräftige, belebende Wellenschlag der Ostsee, die Nähe schützender Wälder und der herrliche steinfreie Strand…" (so steht es in einem Prospekt der Stadt Köslin aus den 30er Jahren).

Bauerhufen begrüßt uns mit einem feinen Sandstrand und mit behäbigen Bauernhöfen; wir befinden uns hier bereits am Badestrand der Kösliner.

Ein Wahrzeichen von Sorenbohm, die große Windmühle, ist schon von weitem sichtbar. Auch der hohe, schlanke Kirchturm von 1856 überragt den Ort.

Großmöllen, das eigentliche Ostseebad der Kösliner, war mit der 1912 eröffneten Strandbahn schnell zu erreichen. Obwohl Großmöllen im Jahr 1939 nur rund 1000 Einwohner zählte, war es infolge seines kilometerlangen Sandstrandes im Sommer ein voll ausgebuchter Badeort, denn im nahen Köslin wohnten 33 500 Einwohner. Unsere Bilder zeigen Strandimpressionen.

Bekannt für seine gepflegte Atmosphäre und bei festlichen Gelegenheiten sehr beliebt war das vornehme „Böttcher's Hotel".

Strandleben in Großmöllen um 1908.

Ein altes Fischerhaus in Nest.

Berliner Ferienkinder sind soeben mit ihrer Lehrerin im Ostseebad Nest angekommen, viele junge Berliner haben hier an der Ostsee erlebnisreiche Ferientage verbracht.

Nest liegt malerisch auf einem schmalen Landstreifen zwischen der Ostsee und dem Jamunder See. In dieser etwas abgeschiedenen Region hat sich viel bäuerliches Brauchtum erhalten. Die Strände sind nur von wenigen Personen bevölkert, das Bild in der Mitte zeigt die Dorfstraße in Nest.

Rügenwaldermünde kann für sich den Ruhm in Anspruch nehmen, 1814 als erstes preußisches Ostseebad in die Geschichte eingegangen zu sein. Der Ort wurde 1936 in die 3 km entfernte Stadt Rügenwalde eingemeindet. Der Hafen ist durch zwei lange Molen von den Ostseewellen geschützt.

Oben: Eine Hafenpartie an der Unterwipper in Rügenwaldermünde.
Unten: Die aufgeklappte Zugbrücke, die auf dem oberen Bild geschlossen ist.

Bald sind wir in Rügenwalde, der letzten größeren Stadt Pommerns, die nahe der Ostsee liegt. Die anderen großen Städte in der näheren Umgebung, Schlawe, Stolp und Lauenburg, befinden sich alle landeinwärts.
Bekannt war Rügenwalde durch die St. Marienkirche, eine spätgotische Basilika aus dem Ende des 14. Jh. mit ihrem klobigem, 60 m hohen Turm. Ein Juwel war der berühmte Silberaltar. Als weitere Anziehungspunkte der Stadt galten das Schloss, vorübergehend Residenz der pommerschen Herzöge und die kostbare Schlosskapelle.

Oben: Der Markt mit Rathaus und der St. Marienkirche.
Unten: Die obere lange Straße mit dem Steintor in Rügenwalde.

Alte Leuchttürme zwischen Osternothafen und Memel

Osternothafen
Horst
Kolberg
Funkenhagen
Rügenwaldermünde
Jershöft
Stolpmünde
Scholpin
Stilo
Rixhöft
Oxhöft
Heisternest
Hela
Neufahrwasser
Kahlberg
Pillau
Brüsterort
Nidden
Memel

Eine schöne, junge Frau aus Rügenwalde, aufgenommen vor 1900; die alte Fotoplatte stammt aus dem Studio von Franz Newiger.

Der Leuchtturm in Funkenhagen

Die Hafeneinfahrt in Rügenwaldermünde.

Auch die Stadt Stolp hatte ihr eigenes Ostseebad Stolpmünde. Hier konnte man an der Steilküste unter hohen Kiefern schöne Wanderungen unternehmen.

Das um 1337 an der Mündung der Stolpe entstandene Fischerdorf gewann bald an Bedeutung, später trieb man regen Handel mit Kolberg und Lübeck. Auch als zentraler Fischereihafen spielte Stolpmünde in der gesamten Region eine wichtige Rolle.
Der um 1900 großzügig ausgebaute Stolpmünder Hafen bietet einen geschäftigen Eindruck, die Bahngleise reichen bis an das Pier. So konnten die Waren direkt vom Schiff auf die Schienen verladen werden.

Der Dampfer „Hela“, aus Hela kommend, fährt in den Hafen ein.

Urlauber beobachten das Leben und Treiben im Hafen von Stolpmünde.

Spaziergänger auf der breiten, rund 500 m langen Mole des Stolpmünder Hafens.

Der malerische Hafen des Ostseebades Leba mit Hochseekuttern.

Die Hafenausfahrt in Stolpmünde.

Bei Wanderungen an der Ostseeküste traf man vielerorts auf strohgedeckte Fischerhäuser – versteckte Romantik, die sich bis heute erhalten hat.

Bilder von dem Fischerort Neuwasser: Fischer beim Einholen der Boote und ein von hohen Bäumen umgebenes Bauernhaus.

Das Ostseebad Stolpmünde in einer Luftaufnahme, deutlich erkennt man die beiden Hafenmolen.

Hoch oben im Norden liegt der letzte Badeort Pommerns, Leba. Dem Besucher bietet sich ein einmaliges Naturschauspiel: Die Wanderdünen auf der Nehrung, dazu eine herrliche Moor-, Schilf- und Waldlandschaft. Am bekanntesten ist die 40 m hohe Lontzke Düne. Der Blick von der Höhe über den langen, breiten Ostseestrand ist traumhaft schön.

Mittelpunkt des Seebades Leba war das mächtige, wie ein kleines Schloss wirkende Kurhaus, das 1913 erbaut wurde.

Eine Luftaufnahme vom Ostseebad Leba, im Vordergrund der Bahnhof.

Das alte Lebamünde an der Mündung der Leba ging einst bei einer Sturmflut unter, die Stadt Leba wurde ab 1570 weiter landeinwärts neu aufgebaut. Leba ist seit 1862 Seebad und erhielt 1899 eine Eisenbahnverbindung nach dem 32 km entfernten Lauenburg. Besondere Bedeutung hatten die Fischindustrie und der Sprottenfang. 1904 wurde der Leuchtturm errichtet.
Bild oben: Rings um den Hafen in Leba hat sich eine Moor- und Schilflandschaft ausgebreitet.

Nun verlassen wir die Provinz Pommern und betreten bei Putzig auf der Putziger Wiek erstmals westpreußischen Boden.
In der Stadtgeschichte spielte neben Holzhandel und Fischerei auch die Bierbrauerei eine wichtige Rolle. Putzig konnte jedoch keinen Anschluss an die moderne Industrieentwicklung finden, so blieb es ein eher unbedeutendes Fischerstädtchen.
Unser Bild: Der Marktplatz mit dem Hotel „Brandenburg“ und dem Kriegerdenkmal für 1870/71.

Hela empfängt uns mit einem weit sichtbaren Gebäude – dem markanten Kurhaus. (Siehe auch Buchtitel)

Natürlich spielte sich das gesamte öffentliche Leben von Hela im Hafen ab, ständig kamen Fischerboote vom Fang zurück, andere Boote fuhren wieder hinaus und regelmäßig brachten die großen Passagierdampfer von Danzig und Zoppot Urlauber in das verträumte Fischerdorf.

Am äußersten Zipfel der Putziger Nehrung entwickelte sich Hela zu einem beliebten Ostseebad. Nach der Erbauung des Hafens 1894 wurde die Hochseefischerei ein bedeutender Wirtschaftszweig. Aufgrund seiner sehr abgeschiedenen Lage – entweder rund 35 km westlich über die schmale Nehrung zum Festland oder auf dem Seeweg in Richtung Gdingen, Zoppot, Danzig, eine ebenfalls lange Fahrt – vermittelt der Ort im Winter das Gefühl der unendlichen Weite und Einsamkeit.
Blick auf den Seesteg, den Leuchtturm und auf die Kirche.

Jahrhundertelang hat sie Sturm und Wetter getrotzt – die evangelische Pfarrkirche in Hela.

Ein altes Fischerhaus in Hela. – Der Fischer hatte oft ein schweres Tagwerk zu verrichten.

Die schnurgerade Dorfstraße mit einer langen Häuserreihe.

Ursprünglich war Gdingen ein unbekannter kleiner Fischerhafen. Dessen Bedeutung änderte sich nach dem Ende des Ersten Weltkrieges schlagartig, als es 1920 in den polnischen Korridor einbezogen und systematisch zu dem größten polnischen Seehafen ausgebaut wurde. Der Bau des Hafens wurde seit 1921 vorbereitet und mit französischer Finanzhilfe ausgeführt. Bald entstand hier eine neue große Konkurrenz zu Danzigs Hafen.

Die Bilder zeigen eine Hafenansicht und das Stadtzentrum mit der evangelischen Kirche.

Von Ende 1939 bis 1945 hieß Gdingen Gotenhafen, es wurde zu einem wichtigen Stützpunkt der deutschen Marine. Nach dem russischen Großangriff auf Ost- und Westpreußen am 12. Januar 1945 wurde auch Gotenhafen zum begehrten Ziel Hunderttausender, weil von hier aus die großen Schiffe nach Westen fuhren.

Die Schiffe „Hansestadt Danzig“ und „Preußen“ des „Seedienst Ostpreußen“ bei der Ankunft in Zoppot.

Und dann sind wir im mondänen Zoppot, dem größten Ostseebad Westpreußens.
Zwischen den beiden Weltkriegen gehörte Zoppot zum Freistaat Danzig.
Alle auf den beiden Seiten gezeigten Aufnahmen entstanden vor 1912!
Links auf dem oberen Bild stehen die Abfahrtszeiten nach Hela und Glettkau – Brösen – Westerplatte – Danzig.
Gerade hat der Dampfer „Hela" die Anlegestelle verlassen.

Unten überrascht uns die aufwendig gebaute, hölzerne Seebrücke vor dem Kurhaus – der Mittelpunkt von Zoppot.

Anders als heute war früher der Aufenthalt am Strand vor allem ein gesellschaftliches Ereignis. Dazu gehörte natürlich auch ein Strandkorb, und es war die Ausnahme, dass man wirklich baden ging. Meistens beobachtete man in festlichem Gewand das bunte Leben und Treiben rings um sich herum.

Der vollbesetzte Ausflugsdampfer „Paul Beneke“ hat an der Seebrücke angelegt.

Strandleben in Zoppot um 1910.

Das mehrfach gegliederte, mächtige Kurhaus mit den vielen Esplanaden aus der Zeit um die Jahrhundertwende. Man sollte nicht glauben, was damals schon alles in Westpreußen gebaut wurde!

Die Promenade mit dem Familien-Südbad. Die Aufnahmen oben und unten zeigen die Vorderseite mit den beiden Kuppeln, das mittlere Bild dokumentiert die Rückseite des Gebäudes mit dem Strandbad.

Großzügig, elegant, weltoffen, international – so könnte man die Strandanlagen mit den Trink- und Wandelhallen in Zoppot bezeichnen.

Lange Zeit verbrachte man damit, dem regen Schiffsverkehr zuzusehen. Im Hintergrund beeindruckt der weite Panorama-Rundblick auf Zoppot.

Die Seebrücke in Zoppot wirkte wie ein magischer Anziehungspunkt für die zahlreichen Feriengäste, man fühlte sich wie auf einer großen Bühne, wo sich immer eine neue Abwechslung bot. Auch sonst konnte man viel erleben: Es gab Kurkonzerte, Feste, Tanzabende, eine Spielbank und die berühmte Waldoper, in der nur Werke von Richard Wagner aufgeführt wurden.
Touristen aus aller Welt auf der 600 m langen Seebrücke, der längsten in Europa. Fotos von 1936.

Ein eindrucksvolles Bild von der Seebrücke.

Die Danziger Bucht in der Abenddämmerung.

Abseits der mondänen Welt besuchen wir das Ostseebad Glettkau mit dem Kurhaus, der Seesteg ist fast menschenleer. Natürlich war es im nur drei Kilometer entfernten Zoppot viel interessanter!

Zoppot von der Königshöhe aus gesehen.
Die Orte liegen eng nebeneinander: Zoppot, Glettkau, Brösen, Westerplatte, Neufahrwasser, Weichselmünde und Heubude.

Um die Jahrhundertwende war die rund 2 km lange Westerplatte an der Weichselmündung ein viel besuchtes Strandbad der Danziger. Ab 1927 wurde die strategisch wichtige Westerplatte entgegen den Bestimmungen des Versailler Vertrages in ein befestigtes Munitionslager mit Bunkern und später zu einem zusätzlichen Marinestützpunkt für die polnische Wehrmacht ausgebaut.
Am Morgen des 1. September 1939 eröffnete das am Vorabend in Danzig eingelaufene Linienschiff „Schleswig-Holstein“ das Feuer auf die polnische Enklave Westerplatte am Ausgang des Danziger Hafens, damit begann der Zweite Weltkrieg.

Eine schöne Übersichtskarte vom Großraum Danzig.

Der auslaufende, große Passagierdampfer „Kaiser Friedrich“ des Norddeutschen Lloyd wird von Schleppern durch den Hafen von Neufahrwasser bugsiert.

Dieses historische Bild des Hafens von Neufahrwasser zeigt die Beladung eines Frachtdampfers. Nach Versandungen – zwischen der Insel Westerplatte und Danzig – wurde 1696 ein neues Fahrwasser für den Schiffsverkehr geschaffen, daher stammt der Ortsname „Neufahrwasser". Die Schifffahrtsrinne wurde durch ständiges Ausbaggern tief gehalten, um immer eine freie Zufahrt zur Stadt Danzig zu haben.

Die Kaiserliche Kriegsflotte im Hafen von Neufahrwasser mit rauchenden Schornsteinen – damals schon ein gewaltiger Anblick!

Wir sind im Innenhafen von Danzig! Hier lag unweit des Krantores die Abfahrtsstelle der Bäderdampfer nach Neufahrwasser und der Westerplatte.

Blick auf Danzig mit der Mottlau.

Der Innenhafen ist mit Lastkähnen voll belegt.

Im Weißen Saal des Danziger Rathauses hing dieses Bild von Carl Röchling. Es zeigte den Abzug der französischen Truppen des Generals Rapp 1813 durch die Langgasse aus Danzig.

Die stets geschäftige Langgasse – ein altes, deutsches Städtebild mit dem Langgasser Tor, dahinter der Stockturm.

Ein Blick in die Große Wollwebergasse.
Das Reiterstandbild Kaiser Wilhelms I. am Hohen Tor wurde am 21. September 1903 enthüllt, wir verdanken es dem Bildhauer E. Börmel. Der Sockel aus schwedischem Granit wurde vorne von einer Borussia-Figur geschmückt.

Das als Teil der Stadtbefestigung 1588 erbaute Hohe Tor mit herrlichen Wappen-Reliefs. Davor beobachten wir das Aufziehen der Wache.

Die Katharinenkirche in Danzig (rechts).

Der Langemarkt mit dem Rathaus von 1378 und dem Turm von 1560. Der Turm hatte eine Höhe von 87 m und überraschte die Bürger mit einem Glockenspiel aus 14 Glocken. Das hohe, schlanke Rathaus war ein eindrucksvolles Symbol für Bürgerstolz, Reichtum und Größe dieser alten Hansestadt. Im Vordergrund der Neptunsbrunnen (1633), dahinter der bereits 1481 erbaute Artushof, seit 1742 Börse. (Bild links)

Die mächtigste Backsteinkirche der Welt thront wie ein Schiff über dem Häusermeer. Vieles ist schon über die Marienkirche gesagt und geschrieben worden, in einem Danziger Prospekt heißt es: „St. Marienkirche, begonnen 1280, beendet 1502. Über dem gotischen Dom erhebt sich wuchtig der 76 m hohe, stumpfe Glockenturm (1359–1466). Die Kirche ist überreich an Kostbarkeiten, Bildwerken, Altären. Am bedeutendsten ist das Jüngste Gericht von Hans Memling (1467). Bemerkenswert sind ferner Hochaltar (1517), die astronomische Uhr (1464), die Orgel und die Schatzkammer."

Waldhaus.
141

Ein Blick auf das vertraute Stadtbild von Danzig mit dem Rathausturm, den Türmen der Marienkirche und dem Krantor. Im Vordergrund rechts liegt die Anlegestelle der Fähre über die Mottlau. Im Mittelalter war die stolze und reiche Hansestadt Danzig nach Wien und Köln die drittgrößte Stadt im deutschsprachigen Raum.

Ein unvergesslicher Anblick war das Langgasser Tor, dahinter der mittelalterliche Stockturm (Bild links).
Immer wieder ein eindrucksvolles Bild einer geschlossenen Häuserzeile mit hohen Patrizierhäusern und dem Rathausturm: Die Langgasse mit lebhaftem Verkehr.

Perfektion bis ins Detail: Die Marienkirche mitten im Häusermeer und davor die Giebelhäuser des 17. und 18. Jh.

Zum Abschied lassen wir noch einmal den weltbekannten Anblick des 1443 erbauten Krantors auf uns wirken. (Bild rechts)

In der Hansestadt Elbing bewundern wir das alte Markttor, das 1319 als Teil der Stadtbefestigung gebaut wurde.

Auch hier beeindrucken uns, ähnlich wie in Danzig, hohe Patrizierhäuser, Tore und Türme. Wir gehen auf der Brückenstraße spazieren, hochaufragend grüßt die St. Nikolaikirche.

Ein schönes Straßenbild vom Alten Markt mit dem Pfeifenbrunnen, einem gotischen Brunnen, um den sich junge Leute versammelt haben.

Das von Prof. W. Haverkamp geschaffene, 1900 enthüllte Schichau-Denkmal. 1837 gründete Ferdinand Schichau, ein Elbinger Bürgersohn, eine Maschinenbauanstalt, aus der eine weltweit bekannte Schiffswerft mit einem riesigen Gebäudekomplex entstand.

Auch das Kaiserdenkmal in Elbing wurde von Prof. W. Haverkamp modelliert. Das in Bronze gegossene Standbild Kaiser Wilhelms I. hatte eine Höhe von 3,60 m, der einfache, polierte Granitsockel war 4 m hoch; es wurde 1905 enthüllt.

Der Alte Markt mit dem wuchtigen Markttor war stets ein beliebter Treffpunkt.

Kolonialwaaren & Destillation - Paul

Drogerie
F. Staesz jun.
Max Schwarz
Uhren, Gold-Silber &
Optische Waren.

Ein Hauch von Danzig lag über Elbing, eine grandiose Kulisse, einprägsam und unvergesslich. Elbing wurde 1237 gegründet und entwickelte sich zum ersten Seehafen des Preußenlandes; im 19. Jahrhundert folgte dann die Umwandlung in eine moderne und geschäftige Industriestadt (zu den Abbildungen der letzten beiden Seiten).

An der Leegebrücke mit der evangelischen Marienkirche, einer ehemaligen Klosterkirche aus der Mitte des 13. Jahrhunderts.

Gerne besuchten viele Elbinger den täglichen Fischmarkt am rechten Elbingufer.

Das Rathaus in Elbing mit seinem schlanken, markanten Turm, erbaut von 1891 bis 1893 im zeitgenössischen Renaissancestil.

Das Wahrzeichen von Elbing, die St. Nikolaikirche aus dem 14. Jh., mit dem 97 m hohen Turm, davor die Hohe Brücke.

Lebhafter Schiffsverkehr am Elbingfluss.

Das Hermann-Balk-Ufer mit der alles dominierenden St. Nikolaikirche.

In der Bildmitte sehen wir die St. Nikolaikirche und das Kaufhaus am Elbing. Am Hermann-Balk-Ufer liegt die Kahlbergflotte vor Anker. Das linke große Gebäude gehört der Reederei F. Schichau.

Die Abfahrt der Ausflugsdampfer. Auf der Tafel steht: Fahrkarten-Verkauf. Nach Kahlberg. A. Zedler. Dampfer „Möwe".
Ein Schiff hat gerade abgelegt und fährt den Elbingfluss abwärts in Richtung Frisches Haff. Ganz rechts im Bild wieder das große Schichau-Gebäude.

Eine Sehenswürdigkeit Elbings war die historische Speicherinsel mit den Fachwerkspeichern südlich der Hohen Brücke.

Als beliebtes Reiseziel, vor allem für Kunsthistoriker galt die alte Bischofsstadt Frauenburg am Frischen Haff. Weit über die Grenzen der Stadt hinaus bekannt war der Dom, den Dehio „das künstlerisch bedeutendste Werk der Kirchenbaukunst in Ostpreußen" nennt. Das 1329 bis 1388 erbaute Gotteshaus ist ein gotischer Backsteinbau mit vier Ziertürmen an den Ecken des Langhauses, auch der Innenraum ist prunkvoll ausgestaltet.

Wir blicken auf den kleinen, beschaulichen Hafen von Frauenburg. Die Domburg wurde 1270 gegründet und nach der Patronin des Deutschen Ordens „Unser Frawen Burg" benannt. Der Ort erhielt 1310 Stadtrechte und war seit 1837 Sitz der Bischöfe von Ermland. Das Stadtbild wird vom weithin sichtbaren Dom auf dem Domberg geprägt. Der berühmte Astronom und Gelehrte Nicolaus Copernikus lebte hier mit kurzen Unterbrechungen als ermländischer Domherr von 1510 bis 1543.

717
Ostseebad Kahlberg.
Dampfer Ankunft.

Neben den bekannten Seebädern im Danziger Raum galt auch das Ostseebad Kahlberg als beliebter Ferienort. Im Sommer gab es hier viel zu sehen und zu erleben: Einen herrlichen Nachmittag im großen Kurgarten mit Konzerten, vornehme Hotels, eine elegante Strandpromenade zum Flanieren, die Strandhalle, den Hafen mit den Molen, Schiffen und dem Leuchtturm. Die Ankunft und Abfahrt der Dampfer nach Tolkemit oder entlang der Küste bot immer eine willkommene Abwechslung.

Wir verbringen einen schönen Herbsttag in Kahlberg und genießen die Aussicht auf den von Kiefern umsäumten Badeort mit dem kilometerlangen Sandstrand.

Ausblick auf das Frische Haff. Gerne würde man mit dem Boot hinausrudern…

Viele Feriengäste kamen aus dem nahen Elbing und Braunsberg nach Kahlberg, um sich hier an der Ostsee zu erholen. Es wurden vornehme Hotels gebaut. Besucher promenieren vor dem Hotel Belvedere, eröffnet 1843, dem ersten großen Kurhotel in Kahlberg.

Auch der gepflegte, schattige Kurgarten war ein beliebtes Ausflugsziel.

Der Leuchtturm in Kahlberg.

Verträumt liegt der Seesteg in der abendlichen Dämmerung.

Von der Strandpromenade bietet sich ein weiter Rundblick auf den flachen Sandstrand des Ostseebades.

Mitten auf der Frischen Nehrung gelegen, begrüßt uns das Fischerdorf Narmeln. Hohe Kiefern geben den Blick frei auf die Landungsbrücke und auf Fischerboote.

Fischerboote am Frischen Haff kehren nach dem Fang wieder zur Küste zurück. Die 56 km lange und bis zu 2 km breite Frische Nehrung entstand durch Anschwemmungen und Sandablagerungen und ist teilweise von Kiefern und Büschen bewachsen.

Wir setzen unsere Fahrt entlang der einsamen Nehrung fort und kreuzen bald vor Pillau.

Im Hafen begegnen wir einem auslaufenden Dampfer, der „Hansestadt Danzig“, mit Kurs auf Swinemünde. Auf dem unteren Foto beobachten wir die Ankunft der „Tannenberg“; des größten Schiffes des „Seedienst Ostpreußen“.

Ein Höhepunkt jeder Schiffsreise war zweifellos die Einfahrt in den Pillauer Hafen. Es war schon ein erhebendes Gefühl, wenn man hoch oben auf dem Deck eines großen Schiffes stand und über das flache Pillau hinweg bis auf die weite Ostsee schauen konnte. Unvergessliche Augenblicke für die Reisenden – die es immer wieder in das wunderschöne Land Ostpreußen zog.

Das obere Bild zeigt die Abfahrt der „Hansestadt Danzig“ aus dem Pillauer Hafen, unten der Blick auf das Kurfürstenbollwerk mit dem Schiff „Preußen“ bei einem Wendemanöver.

Gegenüber von Pillau lag Neutief auf der Frischen Nehrung, von hier aus gab es eine regelmäßige Dampferverbindung nach Pillau.

Dem Erbauer der Zitadelle und Förderer von Pillau, Friedrich Wilhelm, der Große Kurfürst, wurde vor dem Leuchtturm ein Denkmal gesetzt. Wir verdanken das am 19. Juli 1913 enthüllte Standbild dem Bildhauer Fritz Schaper. Wie durch ein Wunder konnte es gerettet werden, es steht als einziges, erhalten gebliebenes ostpreußisches Denkmal in der Patenstadt von Pillau, in Eckernförde (Während des Krieges war es in den Hamburger Hafen gebracht worden und sollte eingeschmolzen werden). Das linke Bild zeigt im Hintergrund den Kreuzer „Königsberg".

Ein warmer Sommerabend an der Ostsee in Pillau. Die Festung Pillau wurde 1632 fertiggestellt, sie liegt am Pillauer Tief, der schmalen Verbindung des Frischen Haffs mit der offenen See. 1626 war König Gustav Adolf von Schweden an diesem strategisch wichtigen Punkt gelandet und hielt ihn 10 Jahre besetzt. Später wurde die Festung vom Großen Kurfürsten zu einer Zitadelle ausgebaut. 1725 erhielt die Ansiedlung Stadtrecht. Der wirtschaftliche Aufschwung begann erst nach der Fertigstellung des 40 km langen Seekanals durch das Haff nach Königsberg im November 1901. Der Kanal war für Schiffe bis zu 8 m Tiefgang ausgebaut und auch im Winter befahrbar.

Drei große Passagierschiffe haben am Kai angelegt, vorne die „Tannenberg“ vom „Seedienst Ostpreußen“.

Am Hafen in Pillau.

Die Nordkaserne war ein weithin sichtbares Gebäude mit einer breiten Fensterfront.

Sicher hat sich dem Reisenden der Bahnhof in Pillau eingeprägt. Auf dem Gleis stehen alte Personenwagen, damals (um 1920) hatte noch jedes Abteil seine eigene Wagentüre.

Von der vollbesetzten Kaffeehausterrasse aus bestaunen die Urlauber den Kreuzer „Königsberg“ am Kurfürstenbollwerk.

Der schmucke Markt in Pillau mit dem Rathaus.

Beliebte Schiffe des „Seedienst Ostpreußen“:
„Hansestadt Danzig“, Stapellauf 1926, gebaut von der Vulcanwerft, Stettin, Länge 93,6 m.

„Kaiser“, Stapellauf 1905, gebaut von der Vulcanwerft, Stettin, Länge 96,4 m.

„Preußen“, Stapellauf 1926, gebaut von den Stettiner Oderwerken, Länge 93,6 m.

„Tannenberg“, Stapellauf 1935, gebaut von den Stettiner Oderwerken, Länge 129,5 m.

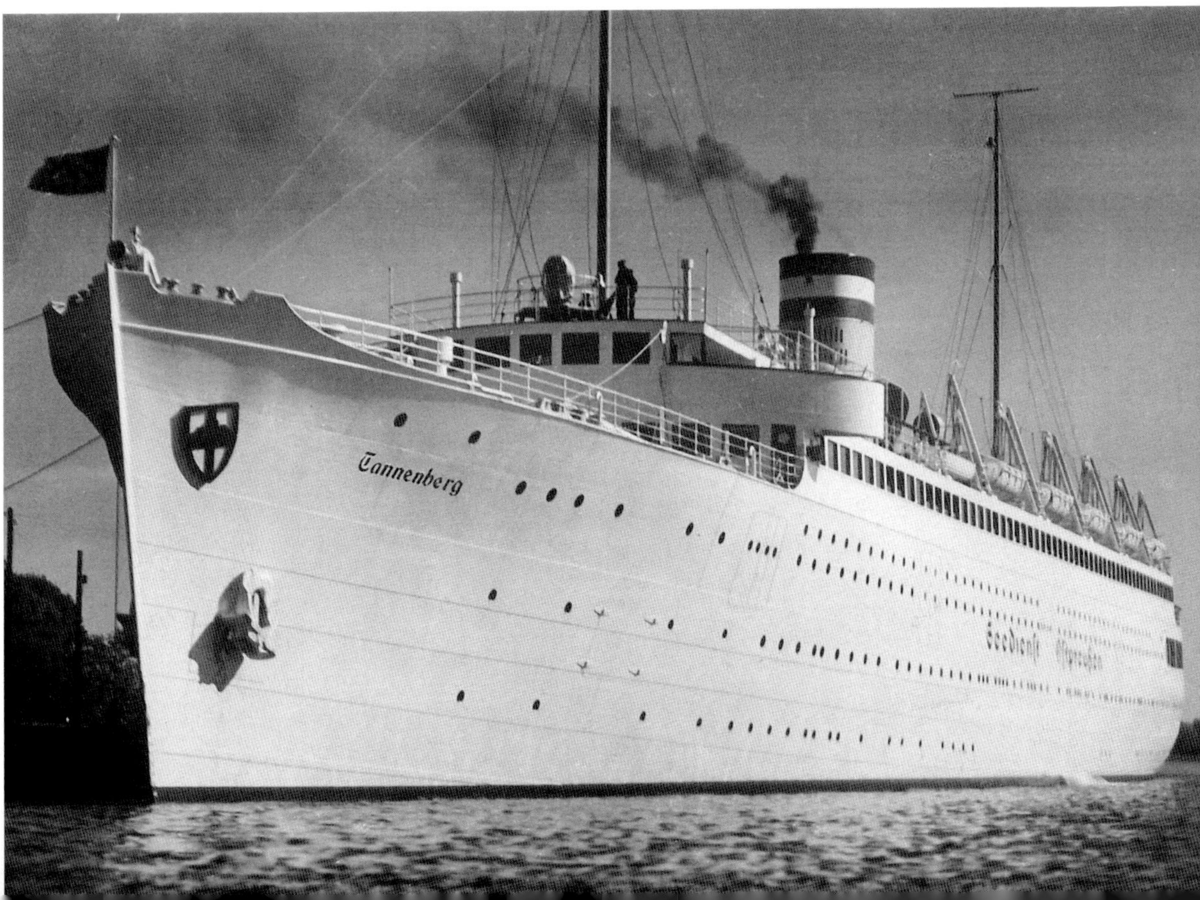

Und dann taucht unvermittelt im hohen Norden eine Großstadt auf, wir stehen am Steindamm in Königsberg (Das Foto stammt von 1912).
Im Jahre 1255 wurde Königsberg als feste Burg vom Deutschen Orden angelegt, 1256 zur Stadtsiedlung erweitert, 1286 erfolgte die Gründung der Altstadt, 1300 des Löbenicht und 1327 des Kneiphof – drei Städte, die jahrhundertelang selbständig nebeneinander bestanden, bis sie erst 1724 vereinigt wurden.
Auf der 1907 in Betrieb genommenen Grünen Brücke herrscht lebhafter Verkehr, links dominiert die Börse, eines der wenigen Gebäude, die den Untergang der Innenstadt von Königsberg im März/April 1945 überlebt haben.

Das 1765 erbaute Königstor stand am Ende der langen Königstraße und ist ebenfalls noch erhalten geblieben.

Der Steindamm, ein wichtiger Verkehrsmittelpunkt, im Jahre 1940.

Die Holzbrücke führte weiter zur Lindenstraße, von hier aus hatte man einen herrlichen Ausblick zur Dominsel, vor dem Dom erkennt man das alte Universitätsgebäude.

Die Altstadt von Königsberg mit dem Dom.

Das Stadtpanorama, links das Hundegatt mit Getreidespeichern.

Wir blicken auf den Pregel in Richtung Fischmarkt. Hinter den ehrwürdigen Bürgerhäusern zeigt sich der markante, spitze Turm des Schlosses.

Ein eindrucksvolles, von Prof. Reusch modelliertes Denkmal Kaiser Wilhelms I. erhob sich an der Südwestseite des Schlosses. Das 1894 enthüllte, 6,80 m hohe Standbild zeigte den Kaiser im Krönungsornat mit dem „Albrechtsschwert".

Das Denkmal Kants, von Christian Daniel Rauch (1864), wurde nach seiner Zerstörung nachgegossen und steht seit 1992 wieder auf seinem gewohnten Platz vor der Universität.

Am Kaiser-Wilhelm-Platz warten Passanten auf die Straßenbahnen, soeben ist die Linie 11 abgefahren.

Das insgesamt 11 m hohe Reiterstandbild Friedrich Wilhelm III. vor der Universität wurde 1851 enthüllt und stammt von August Kiß. Es gilt hinsichtlich seiner Perfektion als das schönste Denkmal der Provinz Ostpreußen.

Auch das 1901 eingeweihte Bismarckdenkmal auf dem Kaiser-Wilhelm-Platz wurde von dem Königsberger Bildhauer Prof. Reusch geschaffen. Das Denkmal hatte eine Gesamthöhe von 6 m, die Höhe des Bronze-Standbildes betrug 3 m.

Der Schlossteich war ein ideales Erholungs- und Freizeitgebiet. Abseits des Großstadtverkehrs ging es auf der Schlossteichbrücke eher ruhig und gemächlich zu, hinter Bäumen versteckt erkennt man im Park die Stadthalle.

Die jahrhundertealten, eng gebauten Häuser im Speicherviertel am Hundegatt – Frachtschiffe werden entladen.

Am Hafen und rund um die Werfthallen herrschte stets ein emsiger Betrieb.

Es kamen vor allem Schiffe aus Skandinavien, dem Baltikum, Russland und natürlich auch von deutschen Häfen. Die Hanse- und Handelsstadt Königsberg war ein führender Umschlagplatz für Waren aller Art, der Hafen mit seinen fünf großen Becken einer der modernsten im gesamten Ostseeraum.

Das Ordensschloss, dessen Bau 1255 begann, wurde im Laufe der Jahrhunderte mehrfach umgebaut und erweitert. Ende des 16. Jh. erfolgte der Bau der Schlosskirche, die als eine besondere Kostbarkeit in die Kunstgeschichte einging.

Mit dem Bau des Domes wurde 1325 als Festungskirche begonnen; er wurde Ende des 14. Jh. vollendet und barg eine Fülle von Kunstwerken und Epitaphien.

An der Ostseite des Schlosses am Albrechtstor verabschieden wir uns von der jahrhundertealten Handelsstadt.

Vor den Toren Königsbergs liegt Fischhausen im Fischhausener Wiek, ein ruhiges Fischerstädtchen. Die Anfänge der Pfarrkirche reichen zurück bis 1315, sie wurde im 19. Jh. renoviert und teilweise erneuert. Am Eingang standen zwei Bronzefiguren.
Der Leuchtturm in Brüsterort an der Nordwestspitze des Samlandes wurde 1846 errichtet.

Ein Blick von weit draußen, von der Mole aus auf Fischhausen, auch hier beeindruckt der wuchtige Bau der alten Pfarrkirche aus der Ordenszeit.

Promenade und Strand des Ostseebades Neuhäuser.

Fischkutter liegen im Hafen von Fischhausen zum Auslaufen bereit (linkes Bild).

Haffstrom, ein winziges Fischerdorf vor Königsberg: Das öffentliche Leben spielte sich vor dem Gasthaus ab – dem Treffpunkt für Jung und Alt. Haffstrom wurde am Ende des Zweiten Weltkriegs nahezu gänzlich ausgelöscht.

In dem größten Bernsteinwerk Ostpreußens, im Palmnicken, wurde das „Gold des Nordens“ gewonnen und weltweit exportiert. 1913 wurde der Tagebau-Betrieb aufgenommen, 1934 förderte man 600 Tonnen Rohbernstein, einmalig in der Welt.

Hier sehen wir das Ostseebad Neuhäuser auf einer Luftaufnahme; links die Ostsee und rechts das Frische Haff mit der Fischhausener Wiek. Neuhäuser ist von großen Wäldern umgeben und liegt 6 km nördlich von Pillau.

Wir stehen an der Dampfer-Anlegestelle in Neuhäuser und blicken auf die Fischhausener Wiek – die Dampferfahrt nach Fischhausen wird nicht lange dauern.

Von der Steilküste in Rauschen bietet sich ein herrlicher Rundblick über die Ostsee, im Hintergrund die Venusspitze.

Einen unvergesslichen Eindruck hinterlässt die legendäre Bernsteinküste.

Nach Brüsterort treffen wir wieder auf bekannte Badeorte, wir erleben den Sonnenuntergang in Rauschen.

Abendstimmung an der wildromantischen Steilküste bei Neukuhren.

Urlauber promenieren auf dem Seesteg im Ostseebad Rauschen.

Eine Drahtseilbahn ersparte den mühsamen, steilen Aufstieg von Rauschen-Strand zur Anhöhe nach dem Ort Rauschen.

Eine Bootsfahrt auf dem Mühlenteich in Altrauschen.

Der Seesteg bot eine willkommene Gelegenheit, um Neuigkeiten zu erfahren.

Im Lärchenpark erfreute man sich an den Wasserspielen der großen Fontäne.

Im Ostseebad Rauschen stand in den heißen Sommermonaten wohl kein Strandkorb mehr leer. Unser Bild zeigt den sonnigen Badestrand an der Venusspitze mit der Strandpromenade.

Die neue Strandpromenade war ein beliebter Spazierweg mit einer schönen Rundsicht auf die gesamte Steilküste.

Im Hotel-Restaurant „Seestern“ verweilte man gerne auf der Terrasse, um den Nachmittagskaffee zu trinken.

Wanderungen von Rauschen nach Warnicken am Rande der Hochküste, die 50 m steil zum Ufer abfällt, waren wegen der schönen Aussicht und vielen Schluchten sehr geschätzt, man durfte sich jedoch nicht zu nahe an die Steilküste heranwagen!

Das Kurhaus in Neukuhren, das kleine Ostseebad hatte im Jahre 1939 rund 1100 Einwohner.

Doch bald ist die Einsamkeit vergessen. Wir sind wieder mitten unter vielen Menschen am Strand in Cranz. Wer hätte das gedacht, dass es hier im hohen Norden noch dermaßen turbulent und lebhaft zugeht!

„Sehen und gesehen werden“, das war das Motto auf der langen, eleganten Strandpromenade (über 1 km), vorbei an unzähligen Hotels, Pensionen, Restaurants und Cafés. Cranz wurde 1816 als Seebad entdeckt und hieß damals noch Crantzkuhren, denn einst stand hier ein „Crantzkrug“, ein Wirtshaus aus der Ordenszeit.
Der wirtschaftliche Aufschwung begann vor der Jahrhundertwende, als 1885 die 28 km lange Bahnstrecke Königsberg–Cranz eröffnet wurde, viele Ausflügler an die Ostsee kamen und sich hier reiche Familien Villen bauten.

Blick auf Cranz.

Im Sonntagsanzug mit Hut, oder im Sonntagskleid, ging man an den Strand und postierte sich für ein Gruppenfoto, dabei kam man natürlich nicht mit dem Meerwasser in Berührung; so geschehen am 11.7.1914, wie der Datumsstempel auf der Postkarte erzählt.

Anschließend bummelte man gemächlich auf der Uferpromenade.

Das Ostseebad Cranz mit dem Strandhotel am Korso.

An heißen Tagen benutzte man einen Sonnenschirm zum täglichen Spaziergang.

Die weite Uferpromenade, vorne die „Meeresblick-Terrasse, Conditorei, Hotel, Pensionat“.

Eine gemütliche Plauderstunde zwischen Uferpromenade und Strandkörben.

Was gab es Schöneres als einen Abendspaziergang, fernab von der Großstadt, bei hereinbrechender Nacht, wenn man das ewige Auf und Ab der Wellen verfolgen konnte, schier unermesslich weit zog sich das silberne Band des Wassers am Horizont. Bestimmt interessanter, als den ganzen Nachmittag im vollen Café zu verbringen. Und das alles fast vor der eigenen Haustüre, vor Königsberg! Dazwischen lagen nur 34 Minuten Fahrzeit.

Urlauber promenieren vor dem „Haus Meeresspiegel".

Der Strand in Cranz mit dem Hotel „Schloß". Man glaubt fast, den Wellenschlag zu hören, den stärksten Wellenschlag der gesamten Ostseeküste!

Wir nehmen einen stillen Abschied von Cranz und verweilen noch einmal auf dem hölzernen Seesteeg, bevor wir zum Haff weiterreisen.

Die Deime fließt von dem Pregel in das Kurische Haff, unweit der Mündung entdecken wir den malerischen Fischerort Labagienen, etwas weiter südlich liegt landeinwärts Labiau, rund 6 km vom Haff entfernt.

Etwa in der Mitte des Haffs erreichen wir am rechten Ufer, etwas einsam gelegen und von Sumpf- und Moorlandschaft umgeben, den Fischerort Karkeln, im Hafen liegen Keitelkähne.

Am Haffstrand in Nidden.

Skirwieth liegt unweit von Heydekrug, an der Skirwiethmündung in das Kurische Haff. Ein winziger, unbekannter Ort – wie mag es dort wohl heute aussehen? Der Platz trägt einen russischen Namen, seine einst deutsche Vergangenheit ist längst vergessen.

Postnicken stellt sich mit dem Gasthaus Franz Struwe, mit der Schule, mit einer Hafenpartie am Haff und mit der Kirche vor.

Wenn man an der Kurischen Nehrung mit dem Schiff entlang fährt, erreicht man inmitten mächtiger Wanderdünen den kleinen Fischerort Pillkoppen; der nächstfolgende Ort, der bereits im Memelland liegt, ist Nidden.
Auf dieser am 25.12.1935 in Pillkoppen abgesandten Postkarte heißt es: „Ich habe eine wunderbare, aber auch anstrengende Mondwanderung unternommen im hohen Schnee."

Der berühmte „Italienblick“ in Nidden. Diese größte Siedlung auf der Kurischen Nehrung wurde bereits 1437 erwähnt. Besondere Bedeutung erhielt der Ort wegen seiner schönen Lage in der Nähe großer Dünen, er zog viele bekannte Maler an und galt als Künstlerkolonie. Aber auch bedeutende Schriftsteller, wie Ernst Wiechert, Carl Zuckmayer und vor allem Thomas Mann, waren von der Landschaft fasziniert.

Fischer in Schwarzort.

Der Leuchtturm in Nidden.

Kurische Keitelkähne prägen das Bild der Nehrung, Ausblick auf den Hafen von Nidden.

Ausstellungsräume in dem Museum der Vogelwarte Rossitten.

Das Fischerdorf Rossitten auf der Kurischen Nehrung ist wegen seiner 1901 gegründeten, ältesten deutschen Vogelwarte bekannt geworden. Die Feriengäste liebten vor allem Dampferfahrten auf dem Haff, die von diesem Seesteg aus unternommen wurden; dabei konnte man auf der Nehrung hohe Sanddünen bestaunen. In Rossitten gab es auch eine bekannte Segelfliegerschule.

Eine unglaubliche Wüstenlandschaft auf der Kurischen Nehrung; immer wieder neue, unvergessliche Eindrücke.

Der Hafen von Nidden, im Hintergrund das bekannte Hotel „Königin Luise".

Die große Stille, die Einsamkeit, das ewige Spiel der Wolken, Wellen und Sanddünen – immer Bewegung, kein Stillstand – ein faszinierendes Naturschauspiel.
Die Kurische Nehrung ist ein schmaler, 97 km langer Landstreifen, dessen Breite zwischen 0,5 km und 4 km schwankt. Sie ist besonders durch ihre gewaltigen Sanddünen bekannt, die 12 km nach Cranz, bei Sarkau, beginnen und sich fast ununterbrochen bis Memel hinziehen. Ihre Höhe beträgt oft 60–70 m.

Der Name „Nehrung" ist vermutlich von dem altpreußischen Wort neria abgeleitet, welches einen von Wellen aufgeworfenen und aus dem Wasser ragenden Landstreifen bezeichnet.
Die Dünen stehen nie still, sie wandern infolge der Westwinde stetig nach Osten weiter. Die Haffs sind große Süßwasserseen, die im Winter zufrieren.

Segelflieger bei Nidden, die Schleppleine los!

Ein weiter, freier Blick über das malerische Haff, und unten ein Fischerhaus mit Keitelkähnen bei Nidden – kein Wunder, dass die Künstler und Schriftsteller immer wieder hierher zurückkamen.

35 Kilometer weiter nördlich treffen wir auf das Ostseebad Schwarzort. Hier wurden rätselhafte Amulette, einfach geformte menschliche Bernsteinfiguren, aus der Jungsteinzeit, gefunden.
Ein Fischerhaus ohne Schornstein in Schwarzort. Dadurch konnte der Rauch der Herdstelle über den Bodenraum durch das Dach abziehen und die auf dem Dachboden hängenden Netze wurden geräuchert und wetterfest gemacht. (Seite 166 und 167 oben)

Eine kurische Fischersfrau in Schwarzort.

Ein Krähenfänger bei der Heimkehr.

Eine Ansicht aus dem Ostseebad Schwarzort; die Fischernetze sind zum Trocknen aufgehängt. Schwarzort ist ringsherum von bewaldeten Höhen umgeben, von denen sich eine weite Fernsicht bietet.

Heydekrug ist durch die Flüsse Schieß und Ruß mit dem Kurischen Haff verbunden, im Bild der Hafen. Die Stadt hatte rund 4400 Einwohner und war wirtschaftlicher Mittelpunkt des Kreises Heydekrug.

Fahrplan
der
„Cranz-Memel-Linie“

Seebäderdienst der Kurisch. Nehrung mit den Salondampfern

„Cranz“, „Memel“ und „Rossitten“

im Anschluß an die Züge der Königsberg-Cranzer Eisenbahn und der Samlandbahn

Gültig: 15. Mai bis 15. September 1929

W	F	W	F		W	F	W	F
8^{00}	8^{21}	13^{00}	13^{20} **	ab **Königsberg-Cranz. Bahnh.** an	15^{34}	15^{20}	20^{43}	21^{39}
außer Juli 5^{55} / nur im Juli 7^{13}	6^{00}	9^{41}	10^{54}	ab Warnicken an	16^{03}	19.5.b.25.8. 16^{45}	22^{04}	19.5.b.25.8. 22^{58}
außer Juli 6^{10} / nur im Juli 7^{28}	6^{15}	9^{56}	11^{08}	ab Rauschen an	15^{48}	16^{30}	21^{49}	22^{43}
außer Juli 7^{00} / nur im Juli 8^{10}	6^{40}	10^{15}	11^{32}	ab Neukuhren an	15^{30}	16^{12}	21^{34}	22^{27}
außer Juli 7^{46} / nur im Juli 8^{44}	7^{27}	10^{49}	12^{14}	an Cranz ab	14^{50}	15^{38}	21^{00}	21^{53}
8^{42}	8^{58}	13^{45}	13^{54}	an **Cranz** ab	14^{52}	14^{43}	20^{06}	21^{02}
8^{55}	9^{10}	14^{05}	14^{05}	ab **Cranz** an	14^{39}	14^{35}	19^{59}	20^{39}
9^{00}	9^{15}	14^{10}	14^{10}	an **Cranzbeek** ab	14^{30}	14^{26}	19^{50}	20^{30}

W	F	W und F		W und F	W	F
9^{10}	9^{30}	14^{25}	ab **Cranzbeek** an	14^{00}	19^{30}	20^{00}
11^{10}	11^{30}	|	an **Rossitten** ab	|	17^{30}	18^{00}
11^{25}*	11^{45}*	|	ab **Rossitten** an	|	17^{20}*	17^{45}*
12^{25}*	12^{45}*	17^{30}	an **Nidden** ab	11^{00}	16^{20}*	16^{45}*
12^{40}*	12^{55}*	17^{45}	ab **Nidden** an	10^{50}	16^{10}*	16^{30}*
14^{20}*	14^{35}*	19^{25}	an **Schwarzort** ab	9^{10}	14^{30}*	14^{50}*
		19^{30}	ab **Schwarzort** an	9^{00}		
		20^{40}	an **Memel** ab	8^{00}		

* Nur vom 17. Mai bis 31. Juli. Danach über Rossitten hinaus die beliebten Gesellschaftsfahrten. Extradampfer auch außer Fahrplan. Für Nidden, Schwarzort und Memel deutscher Auslandspaß erforderlich. Litauisches Visum an Bord des Dampfers.

** Am 1., 8. und 15. September ab Königsberg Cranzer-Bahnhof 12^{20}.

W = werktags, F = Sonn- und feiertags.

Der amtliche Fahrplan der „Cranz–Memel-Linie“ vom Sommer 1929.

Ein Gruppenfoto an der Endhaltestelle „Strandvilla“ der Memeler Straßenbahn um 1910.

Gegenüber der Stadt Memel liegt Sandkrug, das Ostseebad und Freizeitzentrum der Memeler. Bekannt war die alte Strandhalle mit ihrer Terrasse, von dieser Anhöhe aus hatte man eine wunderbare Sicht auf die Stadt und auf die Nehrung mit dem breiten Badestrand.

Die beiden Ansichten dokumentieren das Strandleben um 1940 und auf dem unteren Foto warten die Ausflügler auf das Schiff, das sie wieder von Sandkrug nach Memel zurückbringt.

Das alte Restaurant, ein beliebter Treffpunkt in Sandkrug.

Und dann haben wir Memel, das Endziel unserer Reise, erreicht. Früher gehörten alle diese Gebiete zu Deutschland, heute sind sie Teile des polnischen, russischen und litauischen Staates. Wie in Lübeck, Stettin, Danzig, Elbing und Königsberg bestimmte auch in Memel die Schifffahrt die Geschichte und Entwicklung der Stadt. Leuchtturm, Hafenmole, Kräne, Schiffswerften, das tägliche Ein- und Auslaufen von Schiffen aller Arten und Größen, rege Betriebsamkeit am Hafen, Matrosen und Seeleute prägten das Alltagsbild.

Die „Alte Börse" am Dangefluss mit dem Borussia-Nationaldenkmal.

Die 1252 von Livland aus als Burg an der Dange gegründete älteste Stadt Ostpreußens, Memel, litt wegen ihrer Nachbarstädte Königsberg und Danzig, diese waren ihr feindlich gesinnt und sahen sie als Konkurrentin. Memel wurde dann vorübergehend von den Schweden und Russen besetzt und 1807 diktierte Napoleon hier seine Friedensbedingungen. Von 1939 bis 1945 war sie Deutschlands nördlichste Großstadt. Am 28. Januar 1945 wurde die Festung Memel nach monatelangen, erbitterten Kämpfen von den russischen Truppen erobert. Heute heißt diese älteste ostpreußische Hafenstadt Kleipeda.

Die Marktstraße mit Blick zur evangelischen Johanniskirche im Jahre 1910 und 1940.

Hoch und schlank ragt der Turm der Johanniskirche in den Himmel; nach dem großen Stadtbrand von 1854 wurde sie wieder neu errichtet.

Links und rechts neben dem Borussia-Denkmal waren Büsten berühmter Männer aus der Zeit der Befreiungskriege aufgestellt. Die Einweihung der gesamten Denkmalsanlage erfolgte am 23. September 1907.

Das von R. Baerwald geschaffene nördlichste Kaiserdenkmal Deutschlands wurde am 3. Oktober 1896 enthüllt.

Die Friedrich-Wilhelm-Straße führte ebenfalls zur Börse am Dangefluss. Hochaufragend beherrscht die St. Jakobskirche das Straßenbild.
Der Simon-Dach-Brunnen vor dem Stadttheater am Marktplatz erinnert an das Volkslied „Ännchen von Tharau“. Der 1912 enthüllte Brunnen mit der von Arnold Künne geschaffenen Figur konnte als originalgetreue Nachbildung 1989 erneut eingeweiht werden.
Ein vertrautes Bild bot der Bauernmarkt rund um das Kaiserdenkmal.

Das Panorama der Stadt Memel 1940 in zwei Ansichten.

Mit diesen Bildern beenden wir unsere historische Reise entlang der Ostseeküste, die wir in Stettin begonnen haben und auf der wir eindrucksvolle und unvergleichliche Landschaften kennengelernt haben; Bilder, die man nie vergessen kann.

Das Frachtschiff „Austa“ hat direkt am Bahngleis angelegt, rechts erkennt man den 1899 erbauten Lotsenturm an der Hafeneinfahrt; das Hafengelände erstreckte sich kilometerweit.
Am 1. Oktober 1875 wurde die neue Eisenbahnlinie nach Königsberg eröffnet und damit bestand eine durchgehende Verbindung nach Berlin.

Eine Hafenpartie an der Zitadelle mit dem alten Festungsgraben.

Ausflugsdampfer an der Dange-Mündung in Memel.

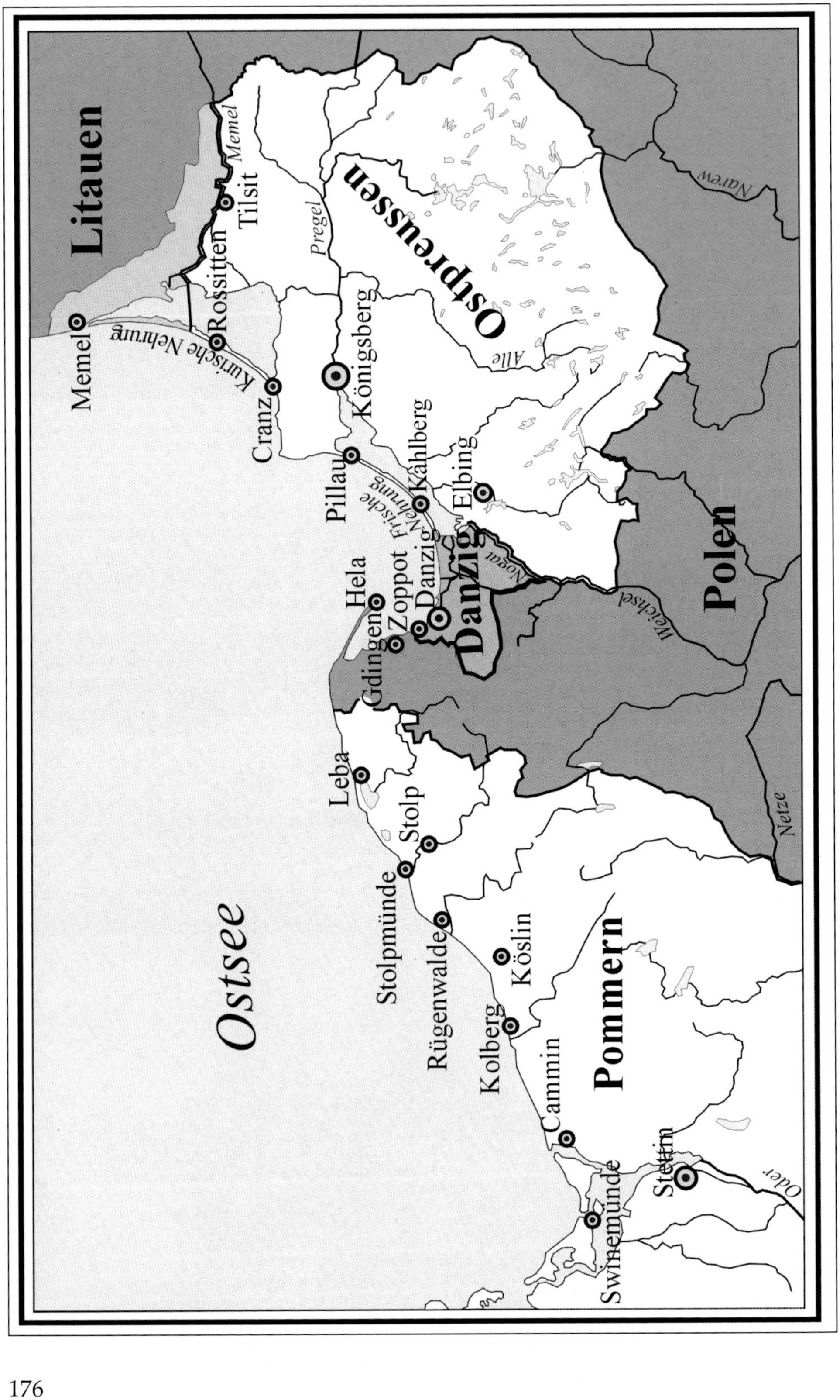
Litauen
Memel
Tilsit
Rossitten
Kurische Nehrung
Memel
Cranz
Pregel
Königsberg
Ostpreussen
Alle
Narew
Pillau
Frische Nehrung
Kahlberg
Elbing
Hela
Zoppot
Danzig
Danzig
Nogat
Weichsel
Polen
Gdingen
Leba
Stolp
Stolpmünde
Rügenwalde
Köslin
Kolberg
Cammin
Pommern
Stettin
Swinemünde
Oder
Netze
Ostsee